BEI GRIN MACHT SICH IHR WISSEN BEZAHLT

- Wir veröffentlichen Ihre Hausarbeit,
  Bachelor- und Masterarbeit

- Ihr eigenes eBook und Buch -
  weltweit in allen wichtigen Shops

- Verdienen Sie an jedem Verkauf

Jetzt bei www.GRIN.com hochladen und kostenlos publizieren

Alexander Lemke

Technique for Order Preference by Similarity to Ideal Solution

GRIN Verlag

Bibliografische Information der Deutschen Nationalbibliothek:

Die Deutsche Bibliothek verzeichnet diese Publikation in der Deutschen National-bibliografie; detaillierte bibliografische Daten sind im Internet über http://dnb.d-nb.de/ abrufbar.

Impressum:

Copyright © 2014 GRIN Verlag GmbH
Druck und Bindung: Books on Demand GmbH, Norderstedt Germany
ISBN: 978-3-656-69528-8

Dieses Buch bei GRIN:

http://www.grin.com/de/e-book/276328/technique-for-order-preference-by-simila-rity-to-ideal-solution

GRIN - Your knowledge has value

Der GRIN Verlag publiziert seit 1998 wissenschaftliche Arbeiten von Studenten, Hochschullehrern und anderen Akademikern als eBook und gedrucktes Buch. Die Verlagswebsite www.grin.com ist die ideale Plattform zur Veröffentlichung von Hausarbeiten, Abschlussarbeiten, wissenschaftlichen Aufsätzen, Dissertationen und Fachbüchern.

Besuchen Sie uns im Internet:

http://www.grin.com/

http://www.facebook.com/grincom

http://www.twitter.com/grin_com

Hochschule für Telekommunikation Leipzig (HfTL)

Prüfungsvorleistung

IT Controlling

„Was steckt hinter dem Verfahren TOPSIS in seiner klassischen Form?"

vorgelegt von: Alexander Lemke

1

TOPSIS in seiner klassischen Form

Ein multikriterielles Problem mit m-Alternativen, die durch n-Merkmale bewertet werden, kann als geometrisches System mit m-Punkten in einem n-dimensionalen Raum betrachtet werden. Diese Methode und Technik wurde unter dem Namen TOPSIS entwickelt, was für Technique for Order Preference by Similarity to Ideal Solution steht. TOPSIS ist also eine angewandte Technik zur Lösung von Entscheidungsproblemen. Des Weiteren wird TOPSIS im Bereich Operations Research (Unternehmensforschung) zur Effizienzanalyse herangezogen.[1]

TOPSIS stellt im Bereich IT-Controlling eine simple Alternative dar, denn im Gegensatz zu anderen Effizienzanalysen wie Data Envelopment Analysis (DEA) oder das Operational Competitiveness Rating (OCRA) ist TOPSIS eine Methode, die leicht nachvollziehbar ist. Die beiden letztgenannten Methoden sind mathematisch sehr anspruchsvoll und daher mit einem hohen Arbeitsaufwand verbunden. Dies führt dazu, dass die beiden Methoden in der Wirtschaftspraxis nur wenig Akzeptanz finden, da ihre Funktionsweise für Mitarbeiter häufig nur schwer nachvollziehbar ist. TOPSIS ist hingegen eine einfache Methode mit geringem Arbeitsaufwand.[2]

TOPSIS wurde von Hwang / Yoon entwickelt und hat zahlreiche Anwendungen in den verschiedensten Einsatzgebieten erfahren. Beispielhaft seien die Auswahl von Bearbeitungsverfahren für industrielle Anwendungen, die Bewertung von Transportsystemen oder die betriebliche Standortwahl genannt.[3]

Zielsetzung von TOPSIS

Ziel dieser Technik ist es, die relativen Vorteile von Alternativen zu bestimmen, indem die beste Alternative die kürzeste Distanz zum idealen positiven Ergebnis und die längste Distanz zum negativen Ergebnis haben muss. So lässt sich mithilfe des TOPSIS-Verfahrens, ohne großen Aufwand, die Unterscheidung zwischen Kostenkriterien („Cost Criteria") und Nutzenkriterien („Benefit Criteria") vornehmen. Zum einen werden mithilfe von Effizienzanalysen Auswahlprobleme gelöst, bspw. wenn eine möglichst effiziente Maschine zur Produktion eines bestimmten Produktes ausgewählt werden soll. Des Weiteren wird TOPSIS durchgeführt, um Potenziale zur Effizienzsteigerung zu identifizieren,

---

[1] Vgl. S. 8 (Zelewski, 2007)

[2] Vgl. S. 11 f. (Kögel, 2012)

[3] Vgl. S. 9 (Zelewski, 2007)

▶HfTL

bspw. bei Filialen in einem Handelsunternehmen. Eine weitere Situation, in der TOPSIS angewendet werden kann, ist z. B. der Kauf eines Autos.[4]

Bei Kostenkriterien ist die beste Merkmalsausprägung der minimalste Wert, während diese bei Nutzenkriterien durch den maximalsten Wert bestimmt wird. Inputs werden als Kostenkriterien modelliert, da geringe Inputgrößen sich positiv auf die Effizienz einer Alternative auswirken. Während Outputs die Nutzenkriterien darstellen, da hohe Outputgrößen eine positive Wirkung auf die Effizienz einer Alternative haben. Wenn TOPSIS als Effizienzanalyse zur Lösung eines Auswahlproblems herangezogen wird, wie bspw. beim Kauf eines Servers und die Anzahl an Alternativen sehr groß ist, sollten diese mithilfe von K.o.-Kriterien stark reduziert werden, da dem TOPSIS- Anwender sonst ein hoher Arbeitsaufwand droht.[5]

Typische Input- und Outputparameter zeigt folgende Tabelle[6]:

Output	Input
Anzahl versorgte IT-Plätze	Eingesetzte Mitarbeiterzeit
Anzahl Benutzer von internen Anwendungen	Eingesetzte Rechenleistung
Erzeugter Druck	Eingesetzte Übertragungsleistungen/ Bandbreite
Anzahl übertragene Dateien an Geschäftspartner	Eingesetzte Speicherleistung

Relative Effizienz mit TOPSIS

Allgemein wird Effizienz in Relation von Outputquantitäten zu den eingesetzten Inputquantitäten definiert. TOPSIS normiert die einbezogenen Zielgrößen etwas anders, d.h. die Output- und Inputgrößen werden separat betrachtet.[7] Um jedoch die Effizienz einer Alternative zu bestimmen, muss zunächst ein Vergleichsmaßstab vorgegeben sein. Dieser Vergleichsmaßstab ist im Rahmen der absoluten Effizienz durch eine Produktions-

---

[4] Vgl. S. 9 (Zelewski, 2007)

[5] Vgl. S. 10 (Zelewski, 2007)

[6] S. 301 (Kütz, 2013)

[7] Vgl. S. 301 (Kütz, 2013)

▶HfTL

funktion als effizienter Rand der Technologiemenge gegeben. Ist sie jedoch unbekannt, kann nur ein Vergleich der Alternativen untereinander vorgenommen werden. Diese Effizienzart wird dann als relative Effizienz bezeichnet. Zum Beispiel hat die Technologiemenge einen maximalen Wert von 100 Einheiten. Wenn die Technologiemenge jedoch unbekannt ist – und genau dies ist z. B. bei der Bewertung des Produktnutzens der Fall – kann nur ein Vergleich der Alternativen untereinander vorgenommen werden.[8]

Mit der Sicht auf die absolute Effizienz könnte die Ausprägung des Produktnutzens auf einer absoluten Skala nie den maximalen Wert erlangen, da unbekannte Produkte der Zukunft keinen höheren Wert mehr erzielen könnten.[9]

Die Technik TOPSIS ermittelt die Effizienz, indem aus den Alternativen, die bei der Effizienzanalyse berücksichtigt werden, mindestens zwei „virtuelle" Alternativen erstellt werden. Das heißt, dass mithilfe von TOPSIS nur die relative Effizienz von Alternativen bewertet werden kann. Daraus lässt sich auch ableiten, dass TOPSIS nur dann angewendet werden kann, wenn mindestens zwei Alternativen zur Verfügung stehen.[10]

Die Vorteilhaftigkeit einer Alternative wird bewertet, indem jeweils der Abstand zur besten Alternative und der Abstand zur schlechtesten Alternative bestimmt werden. Mit diesen Abständen wird für jede Alternative ein Wert berechnet, der Auskunft über die Vorteilhaftigkeit dieser Alternative gibt.[11]

Vorgehen innerhalb des TOPSIS-Verfahrens

Innerhalb des TOPSIS-Verfahrens muss zunächst eine Entscheidungsmatrix D entwickelt werden, so dass die Ausprägungen d aller m-Kriterien c_j mit j = 1, ..., m für alle n Alternativen A_i mit i = 1, ..., n in der Entscheidungsmatrix sichtbar gemacht werden. Wie im folgenden Schaubild zu sehen ist.

$$\underline{D} = \begin{matrix} & \begin{matrix} C_1 & C_2 & C_m \end{matrix} \\ \begin{matrix} A_1 \\ A_2 \\ A_n \end{matrix} & \begin{bmatrix} d_{11} & d_{12} & d_{1m} \\ d_{21} & d_{22} & d_{2m} \\ d_{n1} & d_{n2} & d_{nm} \end{bmatrix} \end{matrix}$$

Entscheidungsmatrix D

---

[8] Vgl. S. 11 ff. (Kögel, 2012)

[9] Vgl. S. 40 f. (Kögel, 2012)

[10] Vgl. S. 9 f. (Zelewski, 2007)

[11] Vgl. Folie 14-17 (Duffuaa)

▶HfTL

Eine Entscheidungsmatrix in der Praxis könnte somit wie folgt aussehen[12]

Filiale	Umsatz (€)	Freundlichkeit des Personals	Wartezeit an Kassen	Kosten (€)
1	856.555	5	2	774.896
2	903.669	2	3	808.880

Auf Basis dieser Entscheidungsmatrix wird nun eine durch mathematische Operationen normalisierte Entscheidungsmatrix entwickelt. Mithilfe der AHP-Technik (weiter unten beschrieben) lässt sich daraus die gewichtete normalisierte Entscheidungsmatrix bestimmen. Woraus sich wiederum die Kriterienausprägungen für die virtuellen Best-case- und Worst-case–Alternativen festlegen lassen, welche wie folgt aussehen können[13]:

Virtuelle Alternativen	Umsatz (€)	Freundlichkeit des Personals	Wartezeit an Kassen	Kosten (€)
	0,230	0,041	0,035	0,188
	0,188	0,016	0,021	0,228

Die Ausprägung aller Alternativen für ein bestimmtes Kriterium enthalten die Terme im Spaltenvektor, während im Zeilenvektor zahlreiche Kriterienausprägungen einer ganz bestimmten Alternative enthalten sind. Aus der normalisierten Entscheidungsmatrix wird nun die gewichtete normalisierte Entscheidungsmatrix bestimmt, indem die Ausprägungen mit einer Kriteriengewichtung multipliziert werden, die wiederum mit einer Technik zur Bewertung von Kriterienbedeutungen, wie z. B. der AHP-Technik, ermittelt wurden. Anschließend werden aus der gewichteten normalisierten Entscheidungsmatrix zwei virtuelle Alternativen kreiert, nämlich einerseits die „positiv-ideale", welche die jeweils besten Kriterienausprägungen darstellt und andererseits die „negativ-ideale", welche sich aus den jeweils schlechtesten Kriterienausprägungen zusammensetzt. Für jede Alternative A_i wird der Abstand zur Best-Case-Alternative S_i^+ und der Abstand zur Worst-Case-Alternative S_i^- berechnet, indem die Kriterienausprägungen d_{ij} von diesen subtrahiert wird. Zur Herstellung eines abschließenden kardinalskalierten Rankings wird der TOPSIS-Index C_{i+} berechnet, welches auf das reellzahlige Intervall [0;1] normiert ist.

---

[12] Vgl. S. 13 (Zelewski, 2007)

[13] Vgl. S. 13 (Zelewski, 2007)

▶HfTL

$$C_{i^r} = \frac{S_i}{S_{i^+} + S_{i^-}}$$

TOPSIS-Indexformel

Diesem Index liegt die Idee zugrunde, dass die vorteilhafteste Alternative möglichst nahe an der besten Ausprägung (das Abstandmaß S_i^+ im Nenner des Index fällt dann besonders klein aus) und zugleich möglichst weit weg von der schlechtesten Ausprägung (das Abstandmaß S_i^- im Zähler des Index fällt dann besonders groß aus) liegen sollte. Der TOPSIS-Index C_{i+} steigt streng positiv vom Mittelwert „Null" auf den Maximalwert „1" an, je weiter eine Alternative A_i von der Worst-case-Alternative A^- entfernt ist und je näher sie an der Best-case-Alternative A^+ liegt.

Führt man das obige Beispiel mit den beiden Filialen weiter aus und möchte nun die Abstände der Best-case- und Worst-case-Alternativen messen, kommt man durch weitere Rechenoperationen zu folgender Tabelle:

Filialen	Abstandsmaß S_i^+	Abstandsmaß S_i^-	Effizienz-Index C_{i+}
1	0,042	0,051	0,548
2	0,047	0,033	0,413

TOPSIS-Index Formel für Filiale 1: $C_{1+} = \frac{0,051}{0,042+0,051} \approx 0,548$

Aus den Effizienz-Indizes in der letzten Spalte lässt sich anhand der Beziehung/ Notation „ist effizienter als" folgende Rangfolge ableiten:

Filiale 1 mit dem Index 0,548 ist effizienter als Filiale 2 mit dem Index 0,413.[14]

Elaborierte Technik AHP

Analog zur Bewertung von relativen Kriterienbedeutungen empfiehlt es sich, eine weitere Bewertungstechnik namens AHP, was für Analytic Hierarchy Process steht, einzusetzen. Welche ebenfalls für die Bewertung von Kriterienbedeutung angewendet werden kann. Der Name „Analytischer Hierarchieprozess" entstammt einem spezifischen Anwendungszusammenhang, dem mehrstufigen Scoring. Hier spielt lediglich die Vermessung/ Berechnung von verschiedenen Objektmengen eine Rolle, für die paarweise

---

[14] Vgl. S. 41 (Kögel, 2012)

▶HfTL

6

Kriterienvergleiche quantifiziert werden.[15] Mithilfe einer Ordinalskala wird eruiert, um wie viel ein Kriterium bedeutender ist als das andere. Diese Vergleichsurteile werden in einer Bewertungsmatrix eingetragen, wodurch ein normalisierter Vektor abgeleitet werden kann, der alle Kriteriengewichte beinhaltet. Viel bedeutender ist die Tatsache, dass mithilfe der AHP Technik die potenzielle Willkür bei der Bestimmung der Kriterienbedeutungen maßgeblich eingedämmt wird. Die AHP Technik geht sogar noch einen Schritt weiter und kann einen sogenannten Konsistenzwert ermitteln bzw. berechnen, der als Maßstab für die Inkonsistenz der einzelnen Kriterienvergleiche steht. Somit dient der Konsistenzwert dem Anwender als Entscheidungshilfe dafür, ob der Anwender bei hoher Inkonsistenz die Kriterienvergleiche überarbeiten sollte.[16]

---

[15] Vgl. S. 302 (Kütz, 2013)

[16] Vgl. S. 9 f. (Zelewski, 2007)

▶HfTL

1 Literaturverzeichnis

Duffuaa,   D.   S.   (kein   Datum).   *Quality   Control   Tools*.   Von
http://www.google.de/url?sa=t&rct=j&q=&esrc=s&source=web&cd=7&ved=0CGo
QFjAG&url=http%3A%2F%2Fwww.ccse.kfupm.edu.sa%2F~duffuaa%2Fdownloa
d%2FCourses%2FSE391%2FWeighted%2520Score%2520and%2520TOPSIS.p
pt&ei=GYljU5S2Jquy7Ab44YDYCQ&usg=AFQjCNGmdJ9ej4FfuGEnQiKZB4
abgerufen

Kögel, J. (2012). *hdm-stuttgart.de*. Von Entscheidungssystem für die relative
Feststellung: http://www.hdm-
stuttgart.de/mp/stuttgarter_beitraege/194/volltext.pdf abgerufen

Kütz, P. D. (2013). *IT-Controlling für die Praxis*. Heidelberg: Dpunkt Verlag GmbH.

Zelewski,   P.   D.   (1   2007).   *fwl.wi.tum.de*.   Von
http://www.fwl.wi.tum.de/fileadmin/Downloads/Master_Forst/TOPSIS_zur_Effizie
nzanalyse.pdf abgerufen

▶HfTL